Michael Fenske

Beziehung ist, wenn man trotzdem liebt

Inhalt

Eine gute Beziehung führt, wer sich immer wieder ein bisschen verlieben kann – am besten in ein und dieselbe Person.

URSULA KOHAUPT

Vorwort

Gibt es ein Rezept für das, was man gemeinhin als „funktionierende" Beziehung bezeichnet? Für eine Partnerschaft, die beiden Beteiligten immer genau das schenkt, was sie gerade brauchen?

Wenn, dann sind mit Sicherheit die beiden wichtigsten Zutaten dieses Rezepts Liebe und Humor, und zwar zu gleichen Teilen.

Das Büchlein widmet sich diesen Ingredienzen des Zusammenlebens und nähert sich der Suche nach einer starken Beziehung mit einem Augenzwinkern. Ob es dabei um Gemeinsamkeiten oder Gegensätzliches geht, um verknüpfende Bande oder tückische Fallstricke – schnell wird klar, wie man am besten mit den Herausforderungen des Miteinanders umgeht: nämlich mit einem Lächeln, gegenseitigem Verständnis und viel Freude am gemeinsamen Leben!

Deins

und

meins

Natürlich: In einer Beziehung teilt man alles. Oder doch nicht so ganz? Schließlich wird in einer Partnerschaft nicht alles automatisch zum Allgemeingut: Während er sein Werkzeug hütet wie seinen Augapfel, ist sie sauer, wenn er von ihrer Lieblingsschokolade nascht. Und natürlich hat jeder „seine" Ecke im Haus, in die man sich zurückziehen kann – ob zum Schmollen, Nachdenken oder einfach zum Ruhe haben. Aber die schönen Momente im Leben, die sollte man immer miteinander teilen!

Fernbedient

 Ich persönlich glaube ja, dass die Form von TV-Fernbedienungen kein Zufall ist: Wie ein Zepter sehen sie aus, liegen auch so in der Hand, es lässt sich schön herrisch damit herumfuchteln, und wer sie in der Hand hält, die Insignie der Unterhaltungsmacht, der bestimmt darüber, was in seinem kleinen Königreich am Abend zu geschehen hat. Sofern er sie findet.

„Schatz, wo ist die Fernbedienung?", wollte ich von meiner Frau wissen. Ich versuchte, dabei so beiläufig wie möglich zu wirken: Sie sollte erst gar nicht darauf aufmerksam gemacht werden, dass ich mir damit die Vorherrschaft über die Gestaltung des restlichen Tages sichern wollte. „Na, genau da, wo du sie gestern liegen gelassen hast", kam süffisant zurück. Sie wusste selbstverständlich, dass ich mir so etwas nie merken konnte und darum wohl noch ewig weiter suchen würde. So war mir völlig klar, was kommen würde: Knapp vor Beginn des Fernsehabends würde sie die Fernbedienung hervorzaubern, sich die Situation triumphierend zunutze machen und das Kästchen nicht mehr aus der Hand geben.

Und tatsächlich: „Schau mal, was ich gefunden habe", tönte es kurz vor den Nachrichten aus dem Wohnzimmer. „Die Fernbedienung?", tat ich ahnungslos und gesellte mich vor den Flimmerkasten. „Setz dich, ich freu mich schon so sehr auf die Schnulze mit der einen, die in dem Liebesfilm zuletzt noch die verlorene Schwester von dem Dings war, na, die, die immer so kichert, du weißt schon ..." Selbstzufrieden ließ sich meine Frau auf die Couch plumpsen, reckte den rechten Arm, der von der Fernbedienung gekrönt war, nach vorne, drückte auf „On", und – ... nichts tat sich. Der Bildschirm blieb dunkel, und wie jeder, der mit den Tücken moderner Technik konfrontiert wird, suchte meine Frau das Heil in der Wiederholung. Aber so oft sie auch drückte: Statt Geigenschmalz und Panoramabildern von Vollblutpferden, die über südenglische Weiden traben, blieb es bei dem stummen schwarzen Viereck. „Was ist denn nur ..."

„Suchst du die hier?", fragte ich und hielt zwei Batterien zwischen den Fingern. Selbstverständlich würde ich die

Stromspender nur herausrücken und einlegen, wenn die Fernbedienung wieder in meinen Hoheitsbereich zurückkehren würde. Ich konnte mir das Siegeslächeln nicht verkneifen, als ich das Objekt der Begierde in Händen hielt und verkündete: „Gleich geht sie wieder. Aber die Schmonzetten-Funktion habe ich stillgelegt."

Doch das Schicksal bestrafte mich umgehend für meine kleine Gemeinheit: Als ich die Batterien in ihr Fach zwängen wollte, brach die winzige Feder, die einen der beiden Kontakte herstellte. „Mist!", fluchte ich. „Was?", wollte sie wissen. „Kein Fernsehen heute." – „Kein Fernsehen?" – „Nö." – „Und nun?"

Wir holten eine verstaubte Brettspielschachtel hervor, ich ließ endlich mal wieder eine meiner alten Scheiben auf dem Plattenspieler drehen, und wir gönnten uns eine gute Flasche Wein. Man kann sagen: Es wurde ein außergewöhnlich schöner, unterhaltsamer und romantischer Abend. Und natürlich war das die ganze Zeit sowieso mein Plan gewesen.

Hobbykellerblues

- ♥ Wenn ihre Schachtel mit der Weihnachtsdeko auf deinem Werkzeugkasten thront…
- ♥ Wenn sich auf deiner Hantelbank ihre leeren Schuhkartons stapeln…
- ♥ Wenn an deinem Mountainbike ihr Einkaufskörbchen hängt…

…dann solltest du sie einmal wieder in ihre Grenzen verweisen.

- ♥ Wenn du deine Nagelfeile in seinem Werkzeugkasten wiederfindest…
- ♥ Wenn er sich beim Hanteltraining den Schweiß mit deinem neuen Designerschal von der Stirn wischt…
- ♥ Wenn er deine hübsche Korbtasche zum Entsorgen leerer Kettenölfläschchen nutzt…

…dann solltest du ihn einmal wieder in seine Grenzen verweisen.

Es gibt Augenblicke, in denen man nicht nur sehen, sondern ein Auge zudrücken muss.

BENJAMIN FRANKLIN

Stammtischkränzchen (I)

♥ „Wisst ihr, ich habe ja nichts dagegen, wenn er einmal
in der Woche zum Stammtisch geht. Ich weiß natürlich,
dass er einfach einmal einen Abend für sich braucht. Bei
uns Mädels ist das ja anders: Wir telefonieren lieber gleich
und ausführlich, sobald es Neues gibt – also fast täglich.
Eigentlich bin ich ja nur ein bisschen neidisch, weil wir
Mädels so viel anderes zu tun haben und uns eben nicht
jede Woche treffen können. Aber sagt ihm das ja nicht!"

Stammtischkränzchen (II)

♥   „Sie würde das ja nie zugeben, aber ich glaube, sie ist schon ein wenig neidisch auf unseren Stammtisch. Mit ihren Mädels ist das ja nicht so einfach, regelmäßig was zu unternehmen. Die treffen sich lieber spontan, um zu klatschen und zu tratschen. Oder sie telefonieren stundenlang! Wir Männer sind da ja ganz anders: Lieber üben wir uns einmal die Woche in Weltverbesserung und lachen am meisten über uns selbst. Das ist bei uns ja schon fast kein Stammtisch mehr, sondern eher ein gemütliches Kaffeekränzchen. Aber sagt ihr das ja nicht!“

Zusammen wohnen

Für die einen ist es ein Versuch, der nicht so recht klappen will, für die anderen ein Experiment, das zum lebenslangen Modell wird: Wer wissen möchte, ob er gut zusammenpasst, der zieht erst einmal zusammen. Wie groß dieser Schritt ist, merkt man, wenn alte Gewohnheiten auf den Prüfstand kommen und die eigene Welt nicht mehr einen Mittelpunkt hat, sondern zwei. Aber wenn man sich nur ein wenig anstrengt, wird man mit einer schönen Erkenntnis belohnt: Zusammen zu wohnen bedeutet nicht nur das Ende des Alleinseins.

Es ist auch der Beginn des gegenseitigen Ergänzens.

Du schnarchst!

❤ Da war es wieder! Ich schreckte hoch, die furchtbaren Gräuel abwartend, die da auf mich lauerten. Sehen konnte ich ohnehin kaum etwas, hören jetzt auch nicht … Doch! Jetzt wieder, mitten in unserem Schlafzimmer! Irgendetwas grunzte und knurrte. Es schmatzte und sabberte. Es schien zu atmen, aber so, wie es nur Ungeheuer und die Figuren aus meinen Lieblingshorrorfilmen tun. In einem derwischartigen Rhythmus wiederholte sich eine infernalische Abfolge aus schnorchelndem Einatmen und fauchend-keuchendem Ausatmen. Ich war kurz davor, meine Frau zu wecken, um sie vor dem zu retten, was uns da offensichtlich verschlingen wollte, da wurde es mir mit jedem Moment, den ich wacher wurde, klarer: Das Geräusch kam eindeutig von der anderen Bettseite! Genauer: von meiner Frau.

Sie schnarchte! Und ich konnte kaum glauben, wen ich da geheiratet hatte: Was ich tagsüber liebte und bewunderte, verwandelte sich im Schutz der Dunkelheit zu einer akustischen Monstrosität. Ich stupste sie vorsichtig an, rüttelte sacht an ihren Schultern, aber sie sägte unverdrossen weiter. Wecken wollte ich sie nicht, denn wer konnte schon wissen, wie jemand, der zu solchen Geräuschen fähig ist, darauf reagiert? Schließlich übermannte mich dann doch der Schlaf, und halb ängstlich, halb erleichtert glitt ich hinüber in eine Traumwelt, die von schnarchenden Albtraumkreaturen bevölkert war.

Beim Frühstück wusste ich nicht, wie ich meiner Liebsten meine furchtbare Entdeckung beibringen sollte. Welche Frau wollte schon wissen, dass sie Laute von sich gab, die den grobschlächtigsten Hafenarbeiter vor Ehrfurcht erschaudern ließen? Doch sie sagte unerwartet: „Tut mir leid wegen letzter Nacht." Gott sei Dank, sie wusste es also selbst.

Doch dann: „Ja, dass ich mich schlafend gestellt und eine Aufnahme von deiner Sägerei abgespielt habe, war etwas gemein. Aber sonst glaubst du mir ja nicht, wie sehr du schnarchst!"

Die Scham vertreibt der Schelm, der Reue folgt die Rache: ganz klar, dass ich bei nächster Gelegenheit ihren Gesang unter der Dusche aufnehme!

Dass unbewusst man selbst getan,
was uns bei andern stört,
entschuldigt sei's damit,
dass man sich selbst

 nicht **schnarchen** hört.

Albert Roderich

Farbrausch und Tapetenkater

♥ Es nimmt immer den gleichen Lauf: Wenn man in einer Beziehung so weit ist, dass sich einer in das Territorium des anderen wagt und dann beide versuchen, den gemeinsamen Lebensraum untereinander aufzuteilen, beginnt unweigerlich eine schleichende, aber kaum zu übersehende Annektion: Er findet plötzlich sein Rasierzeug nicht mehr, weil die Ablage im Bad ganz von ihren Tiegeln, Pinseln, Tuben, Schatullen und Stiften eingenommen wird. Dafür weiß sie weder, wo ihre Lieblings-CDs noch ihre Bücher sind, weil diese in einer Regalordnung untergegangen sind, die nur er versteht.

Wenn dann schließlich die Gebietskämpfe ausgestanden sind, so etwas wie Normalität eingezogen ist und man die Besitzstände soweit geklärt hat, dass keiner der beiden zu sehr sein Gesicht verliert, wird die nächste Stufe eingeläutet: die schrittweise Umgestaltung des Hoheitsgebietes an sich.

Diese Phase erkennt man daran, dass zunächst die bislang achtlos weggeworfenen Baumarkt-Beileger aus der Tageszeitung aufgehoben werden. Dann ziert auf einmal das eine oder andere Wohnverschönerungsheft den Tisch – und ehe man sich's versieht, ist die Wohnung übersät mit Farbfächern, Stoffmustern und Tapetenbüchern, als wohne man im Nest einer Elster mit einem Faible für Lifestyle-Magazine. Wenn jetzt nicht liebevoll aber beherzt eingegriffen wird, kommt man eines Tages nach Hause, und die Wände sind mit unterschiedlichsten Farbflächen geschmückt. Um zu sehen, „wie die verschiedenen Umbra-Schattierungen in der Nachmittagssonne wirken".

Aber wie das eben so ist in einer Ehe: Meine Frau wusste, dass mir eine solch zögerliche Vorgehensweise nur Gelegenheit zur Aufmüpfigkeit geben würde – und reagierte auf ihre eigene, geschwindigkeitsverliebte Weise. Sie nutzte die Chance zum gestalterischen Rundumschlag, als ich für eine Woche auf Geschäftsreise musste und keine Möglichkeit zum Widerspruch hatte. So empfing mich nach meiner Rückkehr bereits ein völlig umgekrempeltes Zuhause: Wände waren neu gestrichen, Gardinen ausgetauscht und das eine oder andere Möbelstück umgestellt worden. Das sehr geschmackvolle Ergebnis ihrer Verschönerungsaktion beeindruckte mich viel mehr, als ich zugeben wollte. Also brummelte ich mürrisch: „Hab mich wohl in der Tür geirrt" und zog mich zunächst einmal sauertöpfisch in mein Büro zurück, um darüber nachzusinnen, wie ich auf diesen Alleingang reagieren sollte. Dort traf mich der sprichwörtliche Schlag: Mein bis vor kurzem völlig schmuckloses Büro sah aus wie ein altes Kontor. Dunkle Holzpaneele an den Wänden, grüne Seidentapeten, ein Chesterfield-Sofa in der Ecke, altmodische Schirmleuchten und als Mittelpunkt ein prächtiger, schwerer und alter Schreibtisch: Alles, was ich mir schon so lange gewünscht hatte, war frisch eingezogen! „Und? Gefällt's dir?", fragte meine Frau, die mir gefolgt war. „Ich muss mal bei Gelegenheit deine CDs und Bücher aussortieren", erwiderte ich kleinlaut. Und freute mich insgeheim darauf, was mich nach meiner nächsten Reise erwarten würde.

Eine tiefe Beziehung

kann nur lange halten,

wenn sie täglich

neu begonnen wird.

ERNST FERSTL

Komm du mir heim!

♥ „Komm du mir heim!" – Wer hat das nicht schon einmal gesagt, wer hat das nicht schon einmal gehört? Weil sich einer von beiden daneben benommen hat, weil ein falsches Wort gefallen ist – oder weil aus anderen Gründen wieder einmal der Haussegen schief hängt. Immer aber ist es als Drohung gemeint. Warum eigentlich? Wäre es nicht besser, aus diesem Satz auch einmal ein liebevolles Versprechen zu machen?

Komm du mir heim – weil ich sehnsüchtig auf dich warte.
Komm du mir heim – weil unser gemeinsames Abendessen fertig ist.
Komm du mir heim – weil unser Zuhause erst dann komplett wird.

Komm du mir heim – sagt es doch einfach mal, weil es sich so gut anhört!

Eine gute Partnerschaft
ist der Ort, wo wir
beides finden:
so viel Geborgenheit,
wie wir suchen,
und so viel Freiheit,
wie wir brauchen.

HENRIETTE WILHELMINE HANKE

Wir bauen uns ein Nest

Das gemeinsame Nest, die eigenen vier Wände, das Zuhause für die Zukunft zu zweit (oder zu mehreren): Es gibt viele gute Gründe, der Partnerschaft ein Heim zu schenken. Doch Vorsicht! Unter den Harmonie-Hindernissen, die sich in einer Beziehung auftun können, gehört der Hausbau sicher zu den größten Herausforderungen. Aber auch zu den großartigsten Erlebnissen des Zusammenlebens.

Es ist beim Hausbau wie immer im Leben: Für die schönsten Ziele muss man sich auch etwas mehr anstrengen.

Wie gut, wenn man dabei zu zweit ist!

Ab morgen wird gespart

❤ Ab jetzt wird gespart! Schließlich bauen wir uns ein Haus, und das geht nur mit Disziplin und Sparwillen. Keine unnötigen Ausgaben mehr! Also dann: Hier ist die Liste mit dem, was wir streichen werden.

Das romantische Abendessen ein bis zwei Mal im Monat: ganz klar unnütz und teuer. Aber eben auch so wunderschön. Darauf sollten wir vielleicht doch nicht verzichten. Wir können ja einen günstigeren Wein nehmen.

Der Theater- oder Kinobesuch mit Freunden: Brauchen wir nicht. Aber das sind immer so fröhliche Abende! Als Hausbauer hat man ja eh so wenig zu lachen. Wir können ja danach statt beim Italiener bei uns zu Hause essen.

Den Ausflug am Wochenende: Dazu haben wir eh keine Zeit. Aber etwas Luftveränderung tut uns bestimmt gut. Ab und zu muss man einfach weg von der Baustelle.

Wir brauchen ja nur noch alle zwei Wochen fahren – und mit dem Rad statt mit dem Auto.

Heute lassen wir es uns noch einmal so richtig gut gehen. Ab morgen wird dann gespart! Aber sicher nicht am Vergnügen – und genauso wenig an der Freude, gemeinsam dem Alltag zu entfliehen.

Ja, man kann sagen, fast überall, wo es Glück gibt, gibt es Freude am Unsinn.

FRIEDRICH NIETZSCHE

Maßstab 1:100

„Gib mir doch mal das Sofa. Wo ist es denn überhaupt?"

„Hier, im Bad. Neben der Küchenzeile."

„Ah, danke. So, das kommt hierhin."

„Da sieht man aber nicht auf den Fernseher."

„Ja und?"

„Wie, ja und? Eine Couch, von der man nichts sieht? Wozu denn das?"

„Na, du siehst doch was."

„Und was?"

„Ein Buch zum Beispiel. Oder ein Magazin."

„Nix da. Der Fernseher kommt zum Sofa. Die Bücher können wir ja ins Arbeitszimmer stellen."

„Stellen, ja. Aber nicht lesen. Gelesen wird auf der Couch. Aber dann bleibt der Fernseher aus."

„Ich seh schon, wir brauchen noch einen Lesesessel. Ich schneid mal einen aus."

„Ja, hierher! Da hab ich dann sogar Sonnenlicht von schräg hinten. Und für den Abend eine Lampe, genau da."

„Das geht gar nicht, weil die sich dann im Fernseher spiegelt. Kannst du nicht woanders lesen?"

„Ach, und wo? In der Küche? Oder vielleicht in der Garage?"

„Nein, natürlich nicht. Da steht ja schon die Werkbank.
Aber im Esszimmer zum Beispiel. Schau, wenn wir den
Lesesessel hier…"

„Ich fasse es nicht! Du willst mich wohl wirklich aus dem
Wohnzimmer haben, während du Fußball schaust?"

„Ääääh …"

„Dann pass mal schön auf! Couch, Fernseher,
Stereoanlage – das kommt jetzt alles in den Keller."

„Hm, gar nicht so schlecht diese Lösung. Ich schneide
mal noch einen Kühlschrank aus."

„Dafür kommt ins Wohnzimmer noch ein Beistelltisch.
Und das DVD-Regal kannst du auch gleich mit in den
Keller nehmen."

„Sehr schön. Passt doch alles. Also, auf dem Plan und
mit Papiermöbeln sieht's doch schon mal gut aus. Das
bleibt aber dann auch so, nicht dass du mich mit den
echten Möbeln auch so rumjagst."

„Kannst du vergessen. Ich bin impulsiv-kreativ, da kann
man nichts planen!"

„Ich weiß. Übrigens, da ist noch eine Badewanne im
Speisezimmer."

Voll vernetzt

❤ „Doch, doch, wir brauchen das unbedingt!", versuchte ich, meine Frau zu überzeugen. „Wir brauchen ein BUS-System, das alles in unserem Haus steuert. Temperatur, Jalousien, Waschmaschine, Musikanlage …"
„Haben wir doch schon!", unterbrach sie mich und setzte ihren Kannst-du-vergessen-sowas-brauchen-wir-nicht-Blick auf. Ich antwortete mit einem Gesichtsausdruck, der einem Fragezeichen gleichkam. Sie sagte: „Na, ich kann dich doch jederzeit losschicken, damit du das machst. Die Heizung höher drehen, Musik anstellen und so weiter. Und die Wäsche von der Maschine in den Trockner packen kann dein BUS auch nicht, aber du."

„Aber was, wenn wir außer Haus sind?", hakte ich nach, und natürlich hatte sie eine Antwort. „Was soll schon sein? Wenn ich nicht da bin, braucht's auch keine Musik." Ich wollte eben noch anführen, welche Segnungen der Technik uns erwarten würden, als wir von einem Telefonanruf unterbrochen wurden. An der Begrüßung hörte ich, dass es der Berater des Elektrohauses war, bei dem wir einen Gefrierschrank für die Speisekammer bestellt hatten. „Oh, wirklich?", hörte ich sie sagen, und: „Tatsächlich? Das ist ja interessant!" Spätestens mit dem Leuchten ihrer Augen war mir klar, dass sie sich wieder irgendwelchen teuren Bevorratungs-Schnickschnack andrehen ließ. Mein BUS war anscheinend erledigt, noch bevor sie wieder auflegte. „Wo waren wir stehen geblieben? Ach ja, dein BUS. Gut, kannst du haben". Ich war völlig perplex, da setzte sie nach: „Warum hast du mir nicht gleich gesagt, was so ein BUS alles kann? Eben habe ich erfahren, dass man mit einem BUS-Modul unseren neuen Gefrierschrank noch schlauer machen kann. Sobald der merkt, dass uns etwas ausgeht, schickt er dir eine SMS aufs Handy, damit du gleich Nachschub einkaufen kannst! Das ist doch toll, oder?"

Und so hatte ich wenigstens einmal bekommen, was ich wollte. Und fühlte mich dennoch irgendwie nicht als Sieger.

Gar nicht
alltäglich

Was ist schon alltäglich? Wer ein Leben zu zweit führt, der wird sehr schnell erfahren, dass eben nicht alle Tage gleich sind. Mal ruhiger, mal hektischer, einmal harmonisch und dann wieder im Schatten von grauen Beziehungswolken: Planen lässt sich nie, was der nächste Tag wohl bringen wird. Aber man kann ganz sicher die Voraussetzungen schaffen, damit man von ihm nur das Beste erwarten darf.

Einkaufswagenkrieg

♥ Kennt ihr das auch? Ihr geht am Samstag als Paar zum Großeinkauf, mutiert zu Einzelkämpfern und schwärmt getrennt aus, wie um auf die Jagd zu gehen. Irgendwo im Schnittpunkt der Streifzüge steht der Einkaufswagen und wird mit dem befüllt, was auf den Einkaufszetteln steht – und viel mehr noch mit dem, auf was man gerade Lust hat. Weil das aber praktisch jeder im Supermarkt so macht, stehen allerlei einsame Einkaufswägen herum, und da die stete Befüllung für ein immer neues Aussehen sorgt, weiß so mancher gar nicht mehr, welcher sein Wagen war. Also legt er seinen Kram einfach in irgendeines der umliegenden Konsumgefährte.

Letzten Samstag aber trieb es einer dann doch zu bunt: Jedes Mal, wenn ich von einem Beutezug zurückkam, lagen noch mehr Dinge drin, die ich weder auf der Liste hatte noch jemals darauf sehen wollte. Und die Tatsache, dass ich seine Einkäufe kurzerhand zurück in die Regale brachte, quittierte dieses Phantom damit, dass es wiederum meine Sachen aus- und seine wieder einräumte.

Also legte ich mich auf die Lauer: Zwischen Tiefkühlhähnchen und Fruchtjoghurt fand ich einen ausgezeichneten Spähplatz. Geschützt durch einen Stapel Angebotsmargarine, hatte ich unseren gekaperten Einkaufswagen im Blick, wurde aber selbst nicht gesehen. Ich hatte mich gerade geduckt, als sich eine Gestalt von hinten anschlich. „Was machst du denn hier?", fragte meine Frau. „Schscht!", machte ich. „Ich beobachte unseren Wagen. Irgendjemand räumt da mit frecher Penetranz unser Zeug aus und legt seines rein. Dummerweise kommen meine leckeren Sachen weg, und stattdessen finde ich Tofu, Gemüse, fettarmen Joghurt und Obst in unserem Wagen! Und was machst du hier?" – „Ich wollte sehen, wer da immer die Chips, Grillsteaks und das Bier in den Wagen legt und unser gesundes Essen wegräumt." – „Oh. Tja, ich glaube, da können wir lange warten." – „Ja", stimmte meine Frau mir zu. „Ich glaube, der kommt nicht wieder." Wir verließen die Deckung und setzten den Einkauf fort. Gemeinsam.

Das Glück findet man am sichersten, indem man zu zweit danach sucht.

UNBEKANNT

Unternehmungsfrust (I)

♥ „Frauen! Wenn es sich eure Männer am Sonntag-nachmittag lieber vor dem Fernseher gemütlich machen als mit euch durch den Stadtpark zu flanieren, eine Kunst-ausstellung zu besuchen oder dem neuesten Fitnesstrend hinterherzuhecheln, dann hat das überhaupt nichts mit Desinteresse zu tun: Nein, sie sehen es als die wohlverdiente Belohnung an, nachdem schon der Samstag mit Einkaufen, Fahrten zum Wertstoffhof, Autowaschen, Rasenmähen und Fußballverein anfeuern vollgepackt war. Macht doch einfach einen Vorschlag, wie ein erholsamer Sonntag aussehen kann – Hauptsache, ihr überfordert ihn nicht!"

Unternehmungsfrust (II)

♥ „Männer! Wenn eure Frauen am Sonntagnachmittag endlich wieder einmal etwas unternehmen und euch von der Glotze wegholen wollen, damit ihr etwas für eure Bildung oder Gesundheit tut, dann hat das überhaupt nichts mit Quälerei zu tun: Nein, sie sehen es als den wohlverdienten Ausgleich an, nachdem ihr schon den ganzen Samstag mit typischem Männerkram vertan habt. Sagt einfach, was ihr mit ihnen unternehmen wollt – Hauptsache, ihr unternehmt etwas gemeinsam!"

Steht mir das?

♥ „Und? Wie gefällt's dir?" Ich fuhr hoch, weil ich auf dem Stuhl vor der Umkleidekabine eingenickt war. Ich war über dem Gedankengang eingedöst, warum es hier keine Biertheke gab. Schließlich war die Stuhlreihe vor den schweren Stoffvorhängen, die sich ab und zu öffneten, um eine frisch eingekleidete Frau der Wertung ihrer Begleitung auszusetzen, voll besetzt mit gelangweilten Freunden, Verlobten und Ehemännern. Nun müssen aber alle, die nicht zu unserer Spezies gehören, wissen: Männer reden nicht. Außer bei einem Bier. Bereits die kleinste Hausbar zwischen Spiegel und Spencerjäckchen hätte das düstere Eck mit Leben und heiterem Lachen erfüllt; so aber saßen wir nebeneinander, starrten ins Leere und sahen von Zeit zu Zeit in die mitgebrachten Plastiktüten, wie um uns zu vergewissern, dass wir tatsächlich in der Lage waren, die Jahresernte eines mittelgroßen Baumwollfeldes sowie einer gigantischen Seidenspinner-Population hinter unseren Liebsten herzuschleppen.

„Sieht das gut aus?", hakte meine Frau schon etwas ungeduldiger nach. Jetzt hieß es, Zeit zu gewinnen, um aus den zahlreichen Antwortoptionen diejenige zu wählen, die den Tag nicht ruinieren würde. Ich machte „Ääääähh…", als sich die Augenpaare der anderen Wartenden auf mich richteten – mitleidig und abwartend, wie ich mich wohl aus dieser Situation retten würde. In meinem Kopf setzte sich das schwere Räderwerk für wohlbedachte Beziehungsantworten in Gang und verhalf mir zu folgenden Erkenntnissen: Es konnte ein Test sein, um zu prüfen, ob ich überhaupt ein gut sitzendes Kleid von einem übergeworfenen Sack unterscheiden konnte. Aber dafür blitzte zu viel Besitzerstolz aus ihren Augen. Wenn ich mich für „Gefällt mir nicht" entscheiden würde, könnte ich ihren guten Geschmack beleidigen. Und wenn ich sie zum Kauf ermunterte, wäre meine Frau zwar zufrieden, aber das Loch in der Haushaltskasse würde bedenklich anwachsen.

Ich flüchtete mich in Diplomatie: „Doch, sieht ganz gut aus. Gefällt's dir denn?" Doch damit war ich noch nicht erlöst: „Sehe ich darin auch nicht dick aus?" Links ein Zungenschnalzen, rechts ein leiser Pfiff durch die Zähne, einer konnte sich gar ein Kichern nicht verkneifen: Da war sie, die Frage, die Königreiche in Kriege stürzen konnte, bei Falschbeantwortung zu wochenlangem Schmollen führte und selbst eloquenteste Cocktailparty-Gesprächspartner in eine Übersprungshandlung aus Stottern und Getränke-holen zwang. Auf der Suche nach der richtigen Taktik kam mir das Preisschild zu Hilfe, auf dem eine Zahl von absurdem Ausmaß prangte, und die Not legte mir die passenden Worte auf die Zunge: „Nein, meine Liebste, in was solltest du denn dick aussehen? Aber Geißblatt ist ja nicht gerade der Farbton dieser Saison..." Die Stuhlreihe ließ kollektiv Anspannung und Luft entweichen, und ich glaube, ganz links außen spendete sogar einer Beifall.

Meine Frau hat den sündteuren Fetzen dann doch gekauft. Weil meine Ablehnung ein guter Indikator dafür sei, was wirklich toll aussehe, meinte sie.

Ob eine Frau
so liebenswürdig bleibt,
wie sie ist? Das liegt
an ihrer Mutter,
deren Tochter sie ist.
Wie sie so liebenswürdig
wurde? Das liegt
an ihrem Vater,
dessen Prinzessin sie ist.

Die lieben Verwandten

Man kann ja nichts dafür – aber schuld ist man irgendwo doch: Die lieben Verwandten sind vielleicht die größte Macke, die man in eine Beziehung mitbringt. Oder die größte Liebenswürdigkeit. Das kommt nicht nur auf die jeweilige Verwandtschaft an, sondern auch darauf, wie man sich miteinander arrangiert. Was beim Umgang, sowohl mit der eigenen als auch mit der angeheirateten Familie, auf jeden Fall immer ein guter Ratgeber ist:

Gelassen bleiben!

Onkel Paul

♥   Es war eine dieser großen Familienfeiern, wie man sie nur an einem schönen Sommertag ausrichten kann: In unserem Garten hatten wir eine große, weiße Tafel eingedeckt. Zu essen und zu trinken gab es reichlich – und mehr noch zu reden. Verwandte von beiden Seiten hatten sich eingefunden, und ein fröhliches Stimmengewirr erfüllte den schattigen Platz unter dem alten Zwetschgenbaum. Es wurde gelacht und geschwatzt, alte Zeiten wurden wiederbelebt und neu ausgeschmückt, und alle hatten einander viel zu erzählen.

Alle, bis auf Onkel Paul, der entfernt zur Familie meiner Frau gehörte und den ich bis zu diesem Tag noch nie gesehen hatte. Er saß stumm da, nickte nur ab und zu höflich und schien sich besser aufs Zuhören als aufs Mitreden zu verstehen. Und aufs Essen! Er kostete von allem, was in seiner Reichweite war und ließ nach seiner letzten Portion einen blitzblanken Teller zurück. Vor allem aber fiel mir eines auf: Je länger der Abend dauerte, umso besser amüsierte er sich — wenn auch im Stillen. Er schien so richtig zufrieden, lächelte vor sich hin, und selbst, als der Alkohol die anderen Gäste erst lauter und dann müder machte, blieb er ein aufmerksamer Beobachter und stiller Genießer, der jeden Moment auszukosten schien.

Als schließlich die ersten Gäste gingen, hatte ich endlich Gelegenheit, meine Frau auf ihn anzusprechen.
„Na, Onkel Paul scheint sich ja prächtig zu amüsieren! Warum hast du ihn mir eigentlich noch nicht vorgestellt?"
„Onkel Paul?"
„Ja da hinten am Tisch …"
„Der ältere Herr? Ich dachte, der sei von deiner Seite!"
Ich sah sie verdutzt an und drehte mich dann nach dem Gast um, doch wir konnten gerade noch erkennen, wie er durch die Gartentür auf die Straße verschwand.

Wir haben diesen rätselhaften Besucher nie wieder gesehen. Aber es ist uns eine liebgewonnene Tradition geworden, bei Einladungen auch „seinen" Platz einzudecken. Falls er wieder einmal vorbeischaut, um sich in unserer wunderbaren Familie wohl zu fühlen.

Ausgeladen!

„Also Tante Trude kommt nur, wenn sich Hans nicht blicken lässt!"

> *„Wenn Hans nicht kommen darf, bleibt deine Schwester aber auch zu Hause!"*

„Das tut sie eh, weil dein Freund Kurt sie immer so anglotzt!"

> *„Lieber angeglotzt, als von deiner Schwägerin belabert!"*

„Ja, klar. Als würde deine Tante Elsbeth je auf eine olle Kamelle verzichten!"

> *„Genau so wenig wie dein Onkel Willi auf seine peinliche Balzerei."*

„Ja und? Gertraud hat sich's ja immer gefallen lassen."

> *„Die kommt diesmal aber bestimmt nicht: Wer meinen Wein so runtermacht …"*

„Gut, dann laden wir die alle eben nicht ein. Basta!"

> *„Von mir aus. Wer bleibt übrig?"*

„Du … und ich."

> *„Oh! … Ist aber auch mal wieder schön!"*

„Find ich auch. Wird bestimmt ein wundervoller Abend!"

Wer ist dran?

♥   „Ehegespräch!" – Wenn meine Frau mit diesem Ausruf zur Audienz aufs Sofa lädt, dann weiß ich: Es gibt Wichtiges zu besprechen. Und ganz sicher werde ich mal wieder als derjenige aus den Verhandlungen gehen, der sich um eine unangenehme Sache kümmern muss. Oder beim nächsten (für sie) feuchtfröhlichen Abend nach Hause fahren muss. Oder sonst irgendwie der Gelackmeierte ist. Ich überließ mich also meinem gewohnten Schicksal. „Was ist?", fragte ich so beiläufig wie möglich.

„Onkel Erwin kommt." Damit hatte ich nicht gerechnet: Ich kannte noch nicht mal einen Onkel Erwin. So fragte ich: „Wer ist das?", und meine Frau antwortete: „Keine Ahnung." Das machte die Sache noch rätselhafter, aber sie setzte schon zur Erklärung an: „Onkel Erwin ist eigentlich mein Großonkel. Er ist mit siebzehn ausgewandert und hat die letzten Jahre in Südamerika verbracht. Jetzt will er seine Verwandtschaft besuchen, und weil meine Eltern am Tag seiner Ankunft selbst erst aus dem Urlaub kommen, sollen wir bei uns ein Familienessen veranstalten. Und du bist dran mit Gästebespaßung."

„Kannst du vergessen!", wehrte ich mich. „Erinnerst du dich noch an Großtante Susanne, die glaubte, ihr Hund wäre bei uns gestorben und mir die Schuld gab?" (Tatsächlich hatte das arme, völlig überfütterte Tier die Fähigkeit, jederzeit in Sekundenschlaf zu fallen, um sich von den anstrengenden letzten Zentimetern zu erholen, die es nicht auf Susannes Arm zurückgelegt hatte.) „Onkel Erwin kommt mir nicht ins Haus!", sagte der Patriarch in mir, der einmal im Jahr an die frische Luft durfte. Ein paar schmachtende Blicke und wenig Augengeklimper später hatte mich meine Frau soweit. „Na gut, dann lädst du den reisenden Greis eben ein. Aber ich werd ihn nicht unterhalten!"

Wir verblieben so, dass ich nach einer kurzen Begrüßung in die Küche verschwinden und mich um das Essen kümmern durfte, während meine Frau unseren Besuch unterhielt. Und nach dem Essen sollte ich mit einer fadenscheinigen Ausrede verschwinden dürfen. Mit diesem Ergebnis war das Ehegespräch beendet, und ich hatte wenigstens ein Unentschieden herausgeholt.

Am Tag, als Onkel Erwin kam, öffnete ich die Tür: Viel jünger als gedacht, mit Surfer-Outfit und einem Gitarrenkoffer in der Hand stand er da. „Hi!", sagte er. „Ich habe mexikanisches Bier und argentinische Steaks dabei!" „Das trifft sich gut", sagte meine Frau. „Schatz, bringst du alles in die Küche?"

Es wurde ein ganz wunderbarer Abend. Meine Frau amüsierte sich jedenfalls prächtig – ganz im Gegensatz zu mir: Ich bekam nur die Hälfte davon mit – vor lauter Kochen, Servieren, Abräumen ... Aber wenigstens hörte ich bis in die Küche, was für ein exzellenter Geschichtenerzähler und noch besserer Gitarrist Onkel Erwin war.

Eins ist ja mal klar: Das nächste Mal bin ICH wieder mit Bespaßen dran!

Man kann nicht immer ein Held sein, aber man kann immer ein Mann sein.

JOHANN WOLFGANG VON GOETHE

Du verstehst mich nicht!

Es schleicht sich ein, das Missverstehen: Einmal kauft sie die falsche Milch, ein andermal biegt er falsch ab, obwohl seine Beifahrerin wild fuchtelnd in die entgegengesetzte Richtung weist. Sind das nur Schludrigkeiten in der Partnerschaft – oder erodiert da schon die gemeinsame Verstehensbasis? Wer schon etwas länger zusammen ist, der weiß natürlich: Das ein oder andere Fragezeichen im Alltag ist ganz normal. Entscheidend ist schließlich, dass sich beide grundsätzlich gut verstehen.

Da kann man dann bei Kleinigkeiten auch öfter mal nachfragen.

Heuer keine Geschenke!

♥ Meine Frau hat mich erwischt. Nachts, als ich mich in die Speisekammer geschlichen und das Unterste zuoberst gekehrt habe, stand sie plötzlich hinter mir, stemmte die Arme in die Hüften und blickte mich zornig an. Aber ich hatte bereits gefunden, was ich gesucht hatte. „Was machst du da?", fragte sie mich in einem Tonfall, der klarmachte, dass sie ganz genau wusste, was ich da tat – es jedoch von mir hören wollte. Aber ich konterte triumphierend: „Ich habe mein Weihnachtsgeschenk gesucht – und gefunden! Und das, obwohl wir uns nichts schenken wollten!" Ich hob die kleine Schachtel, in der ich eine Armbanduhr vermute-te, wie eine Trophäe meiner Vorwürfe in die Luft.

„Das ist kein richtiges Geschenk!" Die Stimme meiner Frau klang bockig. „Das ist nur ein Notfallpräsent." Aber ich gab mich unversöhnlich: „Pfft, du hast mir doch einfach nicht geglaubt! Aber wenn wir uns nichts schenken, dann bleibt's auch dabei." Sie nahm den Karton trotzig an sich, und ich hatte endlich die Gewissheit, dass wir uns heuer an unsere Abmachung halten würden.

Doch am Schluss war ich es, der einknickte: Weihnachten ohne Geschenke war mir dann doch zu freudlos, und so überraschte ich meine Frau an Heiligabend mit einer neuen Kette. „Oh, wie wunderschön!", freute sie sich, „Aber wir wollten uns doch nichts schenken…" Mit diesen Worten bückte sie sich und zog unter dem Baum jene Schachtel hervor, die ich ein paar Wochen zuvor in der Speisekammer gefunden hatte. „Ich hab mir die extra aufgehoben." Voller Freude darüber, dass alle guten Vorsätze über Bord geworfen waren, packte ich das Geschenk aus, öffnete die Schatulle – und fand darin eine goldene Damenuhr. Sie sagte kleinlaut: „Naja, die war eigentlich für mich gedacht. Weil du ja keine Geschenke wolltest, die für mich aber einfach dazugehören, habe ich vorgesorgt und mir selbst etwas gekauft."

Noch an diesem Heiligabend schworen wir uns, das Weihnachtsfest nie wieder ohne – gegenseitige! – Geschenke zu feiern.

Wo sind wir hier?

„Du weißt aber schon, wo wir jetzt sind, oder?"

„Klar! Hier."

„Kann nicht sein. Das ist auf der anderen Seite der Grenze. Außerdem hältst du die Karte falsch herum."

„Tu ich nicht!"

„Tust du schon!"

„Tu ich nicht, weil erstens gibt es ja wohl kein Gesetz, wie rum man Karten halten muss. Und außerdem dreh ich sie ständig mit, damit der kleine Pfeil da immer in die Richtung zeigt, in die wir gerade fahren."

„Aha. Und in welche Richtung fahren wir dann?"

„Warte mal … da! In Richtung Norden!"

„Woher weißt du das so genau?"

„Weil der Pfeil dahin zeigt!"

„Der zeigt aber immer nach Norden."

„Ja, und außerdem dahin, wo wir hinfahren. Dazu hab ich die Karte ja immer mitgedreht. Auch, als du da hinten nach rechts in diesen Feldweg eingebogen bist, der ja nun wohl eine Sackgasse ist."

„Links."

„Was?"

„Links. Ich bin nach links abgebogen."

„Wie auch immer. Auf jeden Fall bist du abgebogen."

„Weil du es mir gesagt hast!"

„Ich war mir aber nicht sicher. Ich habe nur gesagt, dass wir es da versuchen können. Du hättest ja nicht abbiegen müssen."

„Machst du mir jetzt tatsächlich einen Vorwurf, weil ich auf dich gehört habe?"

„Damit konnte ich ja nun wirklich nicht rechnen."

„Aber natürlich! Wenn du die Karte liest, dann richte ich mich ganz nach dem, was du sagst!"

„Ich hab sie aber nicht die ganze Zeit gelesen. Weil, erstens kenn ich mich da nicht so aus, und zweitens weißt du doch, dass mir beim Lesen im Auto immer schlecht wird."

„Na bravo. Und wo sind wir jetzt?"

„Auf jeden Fall nicht da, wo wir sein sollten. Und wo wir auch wären, wenn der feine Herr das Navi mit eingepackt hätte!"

„Ach, ist es jetzt meine Schuld, dass du ohne Internet und Satellit nicht weißt, wo du bist oder hinfährst?"

„Klar! Dein Ausflug, dein Navi, deine Schuld."

„So, schau bitte noch mal genau und versuch rauszufinden, wo wir sind. Ich wende schon mal."

„Ochsenhof"

„Was? Wie?"

„Wir sind in Ochsenhof."

„Woher weißt du das jetzt so plötzlich?"

„Es steht auf dem Ortsschild. Direkt da, vor der Windschutzscheibe!"

„Ah. Oh. Ja. Danke."

„Bitte. Und da vorne links. Äh, rechts."

Kochende Leidenschaft

Gemeinsam kochen: Was zu Beginn der Beziehung die sinnesfrohe Eröffnung eines romantischen Abends ist, kann im Laufe der Jahre viel von seinem Zauber verlieren. Meist, weil die Essenszubereitung im Alltag schnell gehen muss, manchmal aber auch, weil verschiedene Kochphilosophien aufeinander-prallen. Dabei kann gemeinsames Kochen so humor- wie lustvoll sein! Nehmt euch doch einfach mal wieder die Zeit – schnippelt, brutzelt und schnabuliert gemeinsam. Kurz, beginnt das nächste Festmenü schon in der Küche.

Guten Appetit!

Getrennte Töpfe (I)

💜 Wenn sie wieder einmal deine gut eingebrannte Eisen-
pfanne zu reinigen versucht …

💜 Wenn sie deinen 12-Jahre-Rum zum Backen benutzt …

💜 Wenn sie dein Messer aus Damaszener Stahl in die
Spülmaschine steckt …

… dann solltest du über Gütertrennung in der Küche nachdenken.

Getrennte Töpfe (II)

- ♥ Wenn er keine andere Zubereitungsart als Grillen akzeptieren mag…
- ♥ Wenn er sein Gemüse als nicht essbare Blumendeko bezeichnet…
- ♥ Wenn er nachwürzt, ohne vorher probiert zu haben…

…dann mach ihm klar, dass gute Küche eine Zugewinngemeinschaft ist.

Wir müssen immer trachten, nicht nur, was uns trennt, sondern was wir gemeinsam haben, herauszufinden.

JOHN RUSKIN

Kochen wie Oma

❤ Ein Ofen, der mehr als hundert vollautomatische, computergesteuerte Programme für unterschiedlichste Braten, Aufläufe sowie Kuchen beherrscht und sich danach selbst reinigt! Ein Herd, dessen Platten größer oder kleiner werden, je nach Durchmesser des Topfes, den man darauf abstellt! Ein Kühlschrank, der zwar innen nie vereisen soll, aber dafür Eiswürfel in hingehaltene Gläser spuckt! Ich war begeistert, als ich den Katalog durchblätterte, den meine Frau aus dem Küchenstudio mitbrachte: Hatte ich doch bislang nicht gewusst, dass der Kauf einer neuen Küche so sehr Männerkram sein konnte. Überall Displays, Computer, Knöpfe und Schalter! Wenn ich schon meinen Kindheits-traum, Astronaut zu werden, nicht erfüllen konnte, dann würde ich wenigstens Commander auf dieser Hightech-Brücke sein, eine mutige Küchenmannschaft befehligen und mich mit ihr in unerforschte Geschmacksweiten und Aromenwelten vorwagen!

„Schau mal!", sagte ich und tippte fordernd mit dem Zeige-finger auf eine Seite. „Das müssen wir unbedingt haben! Das macht alles einfacher und leckerer!" – „Was ist das?", fragte

sie mich und beäugte kritisch die Produktabbildung. –
„Keine Ahnung! Aber sieht das nicht irre aus? Und man kann
die Beleuchtung von Midnight-Blue auf Lava-Red umstellen!"
Meine Frau sah mich an, als würde sie an meiner geistigen
Gesundheit zweifeln, und zog mir den Katalog vorsichtig,
aber mit Nachdruck aus den Händen. „Sag mal", begann sie,
„hast du mir nicht oft von deiner Oma erzählt und was
sie für eine großartige Köchin war?" – „O ja, das war sie",
schwärmte ich. „Vor allem bei Mehlspeisen war sie unschlag-
bar!" – „Und hatte sie auch einen Induktionsherd?" – „Nein,
natürlich nicht", gab ich zu. „Oder antihaftbeschichtete
Pfannen?" – „Auf keinen Fall! Da wären die Pfannkuchen
nichts geworden!" – „Einen programmierbaren Ofen?" –
„Wozu denn?" – „Eine Mikrowelle?" – „Gott bewahre!" –
„Na siehst du", triumphierte sie.

Aber ich gab mich noch nicht geschlagen. „Ja, aber das war
meine Oma! Die konnte das! Damit ich auch nur annähernd
so gut kochen kann wie sie, brauche ich alle Hilfsmittel,
die mir moderne Technik und Forschung zur Verfügung
stellen können!" Doch sie gab nicht nach: „Quatsch. Du ver-
stehst zwar noch nicht viel vom guten Kochen, aber umso
mehr vom Essen. Und darauf lässt sich doch mit ein wenig

Übung prima aufbauen! Wir kaufen uns eine ganz normale Küche mit ganz normalen Geräten. Und weißt du, was wir mit dem Geld machen, das wir uns ohne den ganzen Schnickschnack sparen?" Ich machte ein erfreutes Gesicht und große Augen. „Einen neuen Fernseher kaufen?" – „Nein: Wir investieren nicht in die Küche, sondern ins Kochen!"

Und so begann unser Projekt „Können gegen Technik", mit dem wir uns die Wartezeit auf die Küche verkürzten: Wir besuchten eine Kochschule, belegten Seminare und lernten sogar bei einem VHS-Kurs, eigene Würzmischungen herzustellen. Wir legten uns ein Gemüse- und Kräuterbeet an, kauften einige Regalmeter an Kochbüchern und machten Wochenendausflüge zu Hofläden oder Wochenmärkten, um herauszufinden, wo wir uns mit den besten Zutaten eindecken können. Wir waren voller Schaffensdrang, Motivation und vieler guten Ideen, als die neue Küche endlich aufgebaut wurde. Bereits am ersten Abend wurde sie mit Gästen eingeweiht, und wir legten uns mächtig ins Zeug. Als wir beim Digestif angelangt waren, fragte meine Frau: „Und? Was wäre, wenn du heute deine Designer-Hightech-Küche bekommen hättest?" – „Ich würde allein

zwischen den ganzen Knöpfen sitzen und die Bedienungs-
anleitungen lesen", lachte ich.

Unsere Küche hat mittlerweile Karriere gemacht: Sie ist zum
meistbesuchten Raum unseres Hauses geworden. Wie es
sich gehört, enden dort die besten Partys, zwischen dem
schmutzigen Geschirr und den Überresten eines gelungenen
Abends. Hier treffen sich die satten, zufriedenen Gäste,
naschen Reste und lehnen bei einem Glas Wein an der
Arbeitsplatte. Eines ist klar: Meine Oma wäre stolz auf
mich.

Schmutzige Kreativität (I)

♥ „Ich kann nicht glauben, wie er kocht: Für jeden Arbeitsschritt braucht er einen neuen Löffel, eine neue Schüssel, einen neuen Teller. Alles, was er nicht mehr benötigt, bleibt kreuz und quer und schmutzig liegen. Von den Kleckereien ganz zu schweigen. Er sagt, meine Ordnung gefährde seine Kreativität! Und am Schluss spült er zwar seine geliebten teuren Messer, aber den Rest des unaufgeräumten Geschirrberges lässt er mir. Na gut, ich muss zugeben: Es schmeckt wirklich immer lecker, wenn er kocht."

Alles Verständnis fängt mit Bewunderung an.

Johann Wolfgang von Goethe

Schmutzige Kreativität (II)

♥ „Ich kann nicht glauben, wie sie kocht: Nach jedem Handgriff spült sie ab, was sie gerade benutzt hat. Schneidereste befördert sie sofort in den Müll, und was sie nicht mehr braucht, räumt sie gleich zurück. Wie soll sich da denn Kreativität entfalten, wenn die Küche aussieht wie ein OP? Sie sagt, meine Sauerei gefährde ihre Konzentration! Darum belegt sie die Küche auch wie eine Alleinherrscherin. Ich würde nur stören und schmutzen. Na gut, ich muss zugeben: Es schmeckt wirklich immer lecker, wenn sie kocht."

Im Garten

Als wäre das Haus selbst nicht genug: Auch im Garten finden sich zahlreiche Gelegenheiten, um sich nicht einig zu sein. Ist ein Zierrasen schöner oder eine Blumenwiese? Ist ein Garten dazu da, um daran zu arbeiten – oder darin zu faulenzen? Und wäre ein Swimmingpool statt des Gartenteichs nicht eine richtig gute Idee?

Einig ist man sich aber auf jeden Fall darin, dass es einfach toll ist, auch draußen zu wohnen. Und wenn es einmal nötig ist, bietet der Garten einfach mehr Platz, um sich gegenseitig aus dem Weg zu gehen.

Hundefutterzwiebeln

♥ Meine Frau mag es ordentlich. Die Vorliebe für optische Symmetrie ist ihr so eigen wie die Freude an Dingen, die in Reih und Glied ihrem ästhetischen Empfinden entsprechen. Im Garten sorgt das natürlich manchmal für Konfliktstoff: Schließlich bin ich der Meinung, dass man an einen Garten keine große Erwartungen hinsichtlich Ordnungsliebe haben sollte. Was wachsen mag, das soll wachsen, und zwar gerne kreuz und quer. Schließlich ist in der Natur auch nichts an Meterstäben und Wasserwaagen ausgerichtet.

In unserem Garten aber schon. Und so nahm ich eines schönen Herbsttages – halb amüsiert, halb besorgt – zur Kenntnis, dass meine Frau mit Holzpflöcken und Schnüren unser Blumenbeet in Quadrate eingeteilt hatte; wie bei einer archäologischen Ausgrabung, nur noch viel kleinteiliger, und sicher auch genauer. Auf diese Weise wollte sie dafür sorgen, dass aus den Blumenzwiebeln, die sie exakt in den Quadraten ausmittelte, im nächsten Jahr eine normierte

Tulpenarmee wachsen und sauber Spalier stehen konnte. Ich schüttelte den Kopf, kehrte ins Haus zurück – und sah später vom Fenster aus, wie unsere Hündin Sam auf ihre Weise der Natur zur gewohnten Unordnung verhalf: Jede einzelne Blumenzwiebel scharrte sie wieder aus, wählte zufällige Stellen im Rasen aus, grub ein Loch und versenkte ihren Schatz darin. Eine ganze Zeitlang konnte unsere vierbeinige Guerillagärtnerin ihr Tun verborgen halten, und als meine Frau endlich merkte, was gespielt wurde, schüttete sie sich zuerst aus vor Lachen und hatte dann auch keine Lust mehr, von vorne anzufangen.

Im Jahr darauf gab es dann Überraschungstulpen: Überall, wo Sam es für richtig empfunden hatte, sprossen sie, und unser Garten erblühte im floralen Chaos. Und weil das meiner Frau dann doch gefiel, machen wir das jetzt immer so: Sie vergräbt die Zwiebeln, aber nur, damit Sam ihre Freude beim Umpflanzen hat. Ich hoffe nur, dass meine Frau nicht versucht, dem Hund irgendwann doch noch Symmetrie beizubringen.

*Um mit einer Frau
glücklich zu sein,
muss man sehr viel Liebe
zu ihr haben und
darf nicht erst versuchen,
sie zu verstehen.*

MARK TWAIN

Eigenanbrau

„Ich möchte endlich eine Hecke an unserer Terrasse!"

„Aber warum? Dann sieht man doch gar nichts mehr."

„Ja, eben. Wenn ich hier in Ruhe liegen und lesen will, müssen das ja nicht alle Nachbarn mitbekommen."

„Wieso? Weil sie dir das Ende des Buches verraten könnten?"

„Sei nicht kindisch. Möchtest du auf dem Präsentierteller liegen, wenn du dich sonnst?"

„Das ist egal. Bei mir gucken die Leute eh nicht, wenn ich meinen bleichen Bauch in die Sonne halte. Egal, ob präsentiert oder nicht. Obwohl, einmal, im Freibad, da hat ein kleines Kind mit dem Finger auf mich gezeigt. Und gleich geweint. Die Mutter hat das traumatisierte Kind dann ganz schnell weg…"

„Hörst du jetzt auf! Du weißt genau, was ich meine!"

„Aber was erwartest du von mir?

„Dass du endlich einen Sichtschutz pflanzt."

„Aber wenn ich was pflanze, dauert das Jahre, bis es hoch genug ist. Bleibst du so lange im Haus?"

„Es gibt schon etwas, das ganz schnell wächst!"

„Nämlich?"

„Hopfen!"

„Ach ja?"

„Ach ja."

„Aber sowas gehört doch ins Bier, nicht in den Garten."

„Na eben. Wenn wir uns hier ein paar schöne Ranken aufstellen, habe ich bald meinen Sichtschutz. Und du kannst Hopfen ernten zum Bierbrauen. Um die Anmeldung beim Zoll als Hobbybrauer hab ich mich auch schon gekümmert, und morgen kommt eine Lieferung Fachliteratur. Also, wann fährst du zum Pflanzenkaufen?"

„Bin schon weg!"

*Toleranz ist
der Verdacht,
dass der andere
recht hat.*

KURT TUCHOLSKY

Mäharbeit

♥   „Da ist ein Schaf im Garten!", schrie ich, als ich mit ver-schlafenen Augen dem Morgenlicht entgegenzwinkerte und den gemütlich vor sich hinkauenden Wolllieferanten mitten auf unserer Rasenfläche sah. „Stimmt nicht!", rief meine Frau, die bereits in der Küche war, nach oben. „Es sind sieben. Der größte Teil ist hinterm Haus."

Ich stolperte nach unten und lief, noch in Pantoffeln, nach draußen. Tatsächlich: Es blökte und mähte, rupfte und mampfte in unserem Garten, und schon der Geruch verriet, dass hier nicht nur ein Schaf seinem Tagwerk nachging, sondern eine halbe Herde. „Frau!", zeterte ich, „was soll das werden?", und stampfte zurück ins Haus, wo sie mir bereits einen Becher Kaffee entgegenhielt.

„Ganz einfach: Egal, wie oft ich es gesagt habe – du hast dich nie um den Rasen gekümmert. Also habe ich die Sache in die Hand genommen." – „Aber ich mag es, wenn das Gras lang ist und Blumen blühen! Morgens barfuß über tau-bedeckte Wiesen …" – „Quatsch", fiel mir meine Frau ins Wort. „Du hast Angst vor Zecken und läufst nie barfuß." –

„Aber ich habe extra einen vollautomatischen Rasen-o-Robot gekauft!" – „Der ist aber total langsam, fährt den ganzen Tag planlos hin und her und braucht Strom. Meine Lösung braucht nichts, und Grasabfall gibt's auch nicht. Die Schafe kommen jetzt alle zwei Wochen. Ich habe ein Zwei-Jahre-Grasen-Abo abgeschlossen." – „Was?" Ich konnte es nicht fassen. „Aber die stinken! Die machen Lärm! Und die… na ja, das Gras muss ja wieder raus aus dem Tier!" – „Nun hab dich nicht so. Das ist doch nur Dünger. Alles in allem ist das der Triumph der Natur über die Technik. Die lieben Tierchen sind total süß, und ich muss mich nicht mehr ärgern, weil du nicht mähst."

Als der Schäfer seine Tiere später wieder abholte, hörte ich ihn sagen: „Ach, das kommt öfter vor, als Sie denken. Meine Herde ist eigentlich jeden ersten April ausgebucht."

Seitdem mähe ich regelmäßig. Weil ich dabei so gut über meine Rache im nächsten April nachdenken kann.

Der Mensch will brutto geliebt werden, nicht netto.

FRIEDRICH HEBBEL

Urlaub oder Auto?

Hund oder Katze? Sekt oder Selters? Sportwagen oder Kombi? Eine Beziehung wird durch Kompromisse nur noch stärker – sofern einen gemeinsamen Nenner zu finden nicht bedeutet, dass einer von beiden mehr Zugeständnisse machen muss als der andere. Auf den Partner hören und selbst Gehör finden, seine Wünsche erfüllen und sich die eigenen erfüllen lassen:

So wird aus einem Kompromiss ein Gewinn für beide Seiten!

Auf ans Bergmeer! (I)

♥ „Auf gar keinen Fall fahr ich wieder mit ihr in die Berge! Jeden Tag auf einen anderen Gipfel raufhüpfen – und das nur, um dann wieder runterzusteigen. Ich will ans Meer, denn bei meinem Job hab ich mir zwei Wochen Ruhe wirklich hart genug verdient. Ich kann halt nur so richtig entspannen, wenn die Wellen rauschen und die Sonne brennt. In Ruhe ein Buch lesen und warten, bis das Abendessen fertig ist: Es gibt nichts Schöneres! Aber wenn's nach meiner Frau ginge, gäb's den ganzen Tag Action und Bewegung.

Doch diesmal bleib ich hart! Ich bestimme, wo's lang geht – und auch, wo's in den Urlaub hingeht. Aber man ist ja kein Unmensch: Weil sie Sand unter den Füßen gar nicht ausstehen kann, fahren wir eben an einen Alpensee. Da hat's einen Kieselstrand, ihre tollen Berge sind ganz nah, und vielleicht geh ich sogar einmal mit ihr wandern. Aber sonst: keine Zugeständnisse!"

Auf ans Bergmeer! (II)

♥ „Auf gar keinen Fall fahr ich wieder mit ihm ans Meer! Jeden Tag um einen guten Platz am Strand kämpfen – und das nur, um faul rumzuliegen. Ich will in die Berge, denn nur wer sich bewegt, hat auch Erholung verdient. Ich kann eben nur so richtig entspannen, wenn nach einem sportlichen Tag die Muskeln brennen. Rauf auf den Berg und sich mit einer deftigen Brotzeit belohnen: Es gibt nichts Schöneres! Aber wenn's nach meinem Mann ginge, gäb's den ganzen Tag nur Essen und Nichtstun.

Doch diesmal gebe ich nicht nach! Aber ich muss ihn glauben lassen, dass er bestimmt, wo's langgeht. Damit er also auch am Wasser liegen kann, fahren wir diesmal an einen Alpensee. Wenigstens hat's da nicht diesen komischen Sand, der zwischen den Zehen knirscht. Er kann seine Wellen rauschen hören, und die Aussicht ist sogar besser. Vielleicht lege ich auch einmal einen faulen Tag ein, aber sonst: keine Zugeständnisse!"

Urlaub mit Emerald

♥   Wer sich im Jahr unseres letzten Urlaubs richtigen Ärger mit meiner modebewussten Frau einfangen wollte, der musste nur ihr „grünes Top" oder die „blattfarbene Bluse" loben. „Das ist Emerald!", zischte es ihm entgegen, oder als eingedeutschte Variante: „Smaragd, du Ignorant!" Was damit gemeint ist? Die „Farbe des Jahres", eben jenes Emerald. Für Modeverweigerer sieht das freilich kaum anders aus als eine weitere Erinnerung an die 1980er Jahre, als man sich mit feinen Nuancen und stilvoll-zurückhaltender Farbgebung erst gar nicht aufhalten wollte. Quietsch-, knall- und krachbunt: Damals hatte Farbe irgendwie etwas mit Lautstärke zu tun, und Emerald ist für mich mindestens Schreigrün. Nun gut, dann würde ich mich eben auf ein Comeback von Schweißbändern, pinkfarbenen Leggings und neongelben Netzhemden einstellen – und das Wiedergängertum frisch geföhnter Popper-Zombies in Slippern und Tennissocken in unseren Straßen erwarten.

Und natürlich macht meine Frau, ganz Opfer der Modesaison, bei der grünen Sause mit. Wenn auch ohne Leggings, da sind wir uns dann doch einig. Aber darüber hinaus brauchte sie alles frisch und neu für den Sommerurlaub – Shirts mit und ohne Fransen, Boleros, Long-Tops, Tank-Tops, Tuniken, Capris ... Nur zu gerne begleitete ich sie bei ihren Shopping-Exzessen, um meinen Wortschatz um ein paar lustige, neue (und in der nächsten Saison bestimmt völlig unerhebliche!) Kleidungsbegriffe zu erweitern. Und so fuhren wir dann an den Urlaubsort, bis unters Dach voll-gepackt mit smaragdfarbenen Trends.

Schon am ersten Abend, als meine Frau ihre neue Garderobe und mich in einer lauen mediterranen Nacht ausführte, kam es aber zum unweigerlichen Modefiasko: Die Flanier-meile sah aus, als wäre sie der Veranstaltungsort für das Trachtentreffen der oberbayerischen Jäger und Gebirgs-schützen. Tanne, Smaragd, Olive, Gras, Apfel: Alle Schattie-rungen von Grün, inklusive leuchtendem Ampelmännchen-grün, waren da, und das einzig Farblose war das versteinerte Gesicht meiner Frau. Mich wunderte das alles nun wieder gar nicht, und mit der Souveränität des erfah-renen Ehemannes offenbarte ich ihr, dass ich ein paar ihrer „alten" Klamotten eingepackt hatte. So war sie die Einzige am Urlaubsort, die sich in nicht-grünen Leinenblusen (Sie: „Tangerine Tango!", Ich: „Rotbraun!") und Baumwollhosen

(Sie: „Khaki!", Ich: „Beige!") blicken ließ. Und, ganz klar, so einmalig wie hinreißend aussah.

Für mich hingegen wird der große Moment in jener Saison kommen, in der Wasserblau als „neue" Sakkofarbe ausgerufen wird. Dazu trage ich dann ein Hemd in Flamingorosa, ziehe weiße Lederschuhe ohne Socken an, werde mir die Sakko-Ärmel hochkrempeln und endlich wieder so aussehen wie die coolen Helden meiner Lieblingsserien von früher. Schließlich war nicht alles schlecht in den 80ern.

Jede Mode ist schön, die der Frau erlaubt, ihr *Herz* am rechten Fleck zu tragen.

Rudolf Georg Binding

Form und Zweck (I)

- ♥ Wenn er sich plötzlich nach Autos umdreht, die er vor kurzem noch peinlich fand …
- ♥ Wenn ihm Pferdestärken und Markenstatus wichtiger sind als Laderaum und Sparsamkeit …
- ♥ Wenn er einen schweren rechten Fuß mit Sportlichkeit verwechselt …

… dann sei verständnisvoll mit ihm. Er kommt eben jetzt in „dieses Alter".

Form und Zweck (II)

- ❤ Wenn sie sich plötzlich für Autos interessiert, die sie vor Kurzem noch spießig fand ...
- ❤ Wenn ihr ein riesiger Kofferraum und abwaschbare Oberflächen wichtiger sind als Design und Rasanz ...
- ❤ Wenn sie ein Auto danach bewertet, ob Kinderwagen und -sitz darin Platz finden ...

... dann freu dich mit ihr. Eure Beziehung kommt eben jetzt in „diese Phase".

Verständnis

kommt uns durch die Liebe.

Richard Wagner

Alle Jahre wieder

Manche Tage sind so schön, dass sie gar nicht oft genug wiederkehren können, und sie werden mit jeder Wiederholung sogar noch wertvoller. Andere dagegen würde man am liebsten vergessen – und wird doch im Jahresrhythmus daran erinnert. Das Gute an unangenehmen Wiederholungen in der eigenen Erinnerung ist aber: Man bekommt eine neue Chance, um es diesmal richtig zu machen.

Wenn es sein muss, jedes Jahr wieder.

Festschmaus

♥ In Sydney findet zu Weihnachten ein großes Truthahn-grillen am Strand statt. In Japan backt man dem Christkind eine Erdbeertorte zum Geburtstag, in Dänemark gibt es ein Weihnachtsbier. Und bei uns zu Hause? Würstchen mit Kraut! „Wo bleibt denn da der festliche Geist der Weihnacht, wo bleibt die symbolische Bedeutung des christlichen Gast-gebertums – und vor allem: Wo bleibt mein Gaumen?", krakelte ich. Doch meine Frau erwiderte kühl: „Wenn du was Besonderes magst, gern: Brauchst dich nur an Heilig-abend in die Küche zu stellen." Also begnügte ich mich Jahr für Jahr mit dem kargen, gar nicht so festlichen Mahl.

Aber das sollte anders werden: Eines Weihnachtsmorgens schlich ich mich ins Esszimmer. Es war noch Nacht, doch ich war bereits unterwegs, um meine geheime Mission zu erfüllen: Das ideale Weihnachtsessen vorbereiten! Dafür war mein Plan so perfekt wie perfide: Die Gäste sollten ein-fach selbst kochen! „Shabu shabu" hieß meine Geheimwaffe, ein japanischer Feuertopf. Nachdem ich das Brühtrumm zusammengebaut hatte, widmete ich mich der Schnippselkunst: Gemüse wurde gewürfelt, feinstes Filet in Streifen geschnitten, exotische Beilagen in Schüsselchen drapiert. Meine von schierer Begeisterung getragene Küchenchoreographie erfuhr eine jähe Unterbrechung, als meine Frau plötzlich in der Tür stand.

„Wasnhierlos?", murmelte sie schlaftrunken. „Ich kümmere ich mich um würstchenfreie Weihnachten!", frohlockte ich und grinste sie Lob heischend an. „Aber alle Verwandten freuen sich auf die Weihnachtswürstel!", kam zurück. „Und außerdem haben wir ausgemacht, dass heuer jeder was mitbringt. Josef seine hausgemachten Würste, Oma ihr berühmtes Kraut und mein Schwager frisch geriebenen Meerrettich!"

Aber ich setzte mich doch durch, und ein paar Stunden später dampfte und brodelte der Feuertopf auf unserem Esstisch, umringt von der bewundernden Verwandtschaft. „Shabu shabu!", kicherte Oma und hatte ihren Spaß daran, mit Stäbchen Wurst und Sauerkraut aus dem exotischen Gefäß zu fischen. Seitdem hat auch unsere Familie ihr ganz eigenes, einmaliges Traditionsmahl.

Es gibt kein Rezept
für die Liebe –
es gibt nur

gute Zutaten.

aus Frankreich

Das ist doch nur ein Datum (I)

♥ „Männer! Egal, was sie euch sagen: Für Frauen sind manche Tage eben nicht nur ein Datum. Der Kennenlerntag, der Hochzeitstag, der Tag, an dem ihr in die gemeinsame Wohnung gezogen seid: Das sind für eure Liebsten wichtige Ankerpunkte im Jahr, an denen man sich gern erinnert, wie es damals war. Damit eure Frauen nicht irgendwann feststellen, dass die Erinnerung schöner ist als die Datumswiederkehr, ist es eure Aufgabe, jeden Jahrestag zu einem besonderen Tag zu machen."

Das ist doch nur ein Datum (II)

♥ „Frauen! Egal, was sie euch sagen: Für Männer ist ein Datum doch nur eine Zahl. Natürlich wissen sie ungefähr, wann wichtige Ereignisse stattgefunden haben: zwei Wochen nach der Meisterschaft ihres Lieblingsvereins, in dem Sommer, als sie Grillmeister im Viertel wurden oder kurz bevor sie auf diesem tollen Konzert waren. Damit für eure Männer in Zukunft andere Ereignisse, nämlich eure gemeinsamen Jubiläen, die Marksteine ihrer Erinnerung sind, ist es eure Aufgabe, jeden Jahrestag zu einem besonderen Tag zu machen."

Valentinsverweigerungstag

❤ Nein, ich mach nicht mit! Es ist ja nicht so, dass ich meine Frau nicht lieben würde, aber ich weiß, dass es dafür längst keinen Beweis mehr braucht – auch wenn sie das manchmal anders sieht. Klar, auch ich finde die Geschichte des Heiligen Valentinus rührend, der den Märtyrertod starb, weil er jungen Paaren den göttlichen Segen – und ein paar Blumen aus seinem Garten – gab. Aber was daraus wurde, ist das reine Grauen: überall rosa Herzen, rosa Schleifen und rosa Kärtchen. Und fast hört man die Werber lachen: „Muhaha, wir haben euch mit Halloween gekriegt, wir haben euch mit dem Muttertag gekriegt, und mit Valentin kriegen wir euch auch. Und bald machen wir das nächste Fass mit Pfingsten auf!" Ohne mich.

Weil ich also die Kaimauer sein wollte, an der sich die Welle des Konsumterrors endgültig bricht, musste ich im letzten Jahr meine Abwehrhaltung auch gleich meiner Frau präsentieren: „Weib!", so sagte ich, „Weib, es gibt keine Valentinstagsgeschenke! Finde dich damit ab!" Also, in Gedanken und als mentales Training klang ich so.

Was bei den Ohren meiner Frau ankam, war: „Weißt du, ich habe mir gedacht, wir sollten nicht wie alle anderen auf den Valentinszirkus hereinfallen. Welches Geschenk wäre denn auch groß genug für meine Liebe, welche Blume würde nicht neben dir verblassen?" (An dieser Stelle löschte mein zotteliger Urahn, der mit der Keule und dem Ladykiller-Lendenschurz, resigniert die letzten Spuren männlich-autoritärer Rest-DNA aus meiner Erbinformation).

Überraschenderweise gab sie mir recht! Das war neu und stürzte mich in Verwirrung. Hatte sie für mich schon etwas gekauft? Ließ sie mich auflaufen? Sollte ich Opfer des Wir-schenken-uns-nichts-Ehekomplotts werden und am Schluss mit leeren Händen dastehen, während sie mich in einstudierter Selbstgerechtigkeit beschenkt? Also stürzte ich los und kaufte, was die rosa Auslage so hergab.

Meines Triumphs über ihre Geschenke-List sicher, überschüttete ich meine Frau am Valentinstag mit Blumen, Parfum und Konfekt. Und erntete ein „Danke, aber ich hab doch nichts für dich …"

Na ja, ich weiß ja, dass sie mich liebt. Und eigentlich braucht es dafür keinen Beweis. Aber so ein klitzekleines Geschenk hätte mir dann doch gefallen…

In diesem Jahr, das steht fest, werde ich ihr sicher nichts schenken. Obwohl – was, wenn sie mir dann doch …?!?

**Gibst du mir dein Herz,
geb ich dir meins:
Das ist wohl der älteste
Tausch der Welt.
Und vielleicht der einzige,
bei dem beide gewinnen.**

Jahresplag'

„Weißt du eigentlich, was morgen ist?"

„Klar. Sonntag."

„Nein, ich meine, was morgen war!"

„Das ist aber jetzt eine Frage, die ein temporales Problem aufwirft. Wie kann denn noch nicht sein, was in der Zukunft gewesen sein wird – und wie kann ich heute schon davon wissen? Ohne Riss im Raum-Zeit-Kontinuum wird das …"

„Meine Güte, du und dein Science-Fiction-Zeug! Ich meine natürlich morgen vor einem Jahr!"

„Was jetzt, morgen oder vor einem Jahr?"

„Morgen! Verflixt nochmal! Was letztes Jahr am morgigen Datum war!"

„Samstag."

„Was?!?"

„Naja, nachdem letztes und dieses Jahr kein Schaltjahr war, wird das morgige Datum, aber eben im letzten Jahr, ein Samstag gewesen sein. Das wolltest du doch wissen."

„Nein, ich wollte eigentlich wissen, was dir sonst noch dazu einfällt!"

„Zu morgen oder zu dem Tag vom letzten Jahr?"

„Zu beiden!!!"

„Ääääh …"

„Ja, wie? Nichts?"

„Ah, jetzt! Doch!"

„Schön! Und was?"

„Dass morgen die Geschäfte zuhaben, weil Sonntag ist. Aber letztes Jahr hatten sie offen, weil Samstag war."

„Ich geb's auf! Es ist immer das Gleiche mit dir! Kannst du dir denn nicht mal die einfachsten …"

„Ich war noch nicht fertig …"

„Noch nicht fertig? Was gibt's denn da noch zu sagen?"

„Na, dass ich wegen der Öffnungszeiten die Blumen zum Hochzeitstag schon heute geholt habe. Und mir gedacht habe, dann könnten wir doch auch heute feiern. Und morgen. Und dazwischen gehen wir essen. Der Tisch ist schon reserviert."

„Du bist unmöglich!"

„Ich weiß."

„Ich liebe dich."

„Ich dich auch."

Über den Autor:

Werbetexter, Schlagzeuger, Kolumnist – wie kommt so jemand auf die Idee, ausgerechnet Geschichten über Beziehungen zu schreiben? Für Michael Fenske (Jahrgang 1972) ist die Erklärung ganz einfach: „Durchs Heiraten!"
Seit seiner Hochzeit 2011 hält das Abenteuer Eheleben jeden Tag etwas bereit, das sich zum Aufschreiben und Weitererzählen lohnt – und genau das hat er getan!
Es ist also kein Zufall, wenn sich in diesem Buch die eine oder andere anverwandte Person wiedererkennt und so manche Geschichte nicht ganz neu erfunden werden musste …

Bildnachweis:
Microstockfish/fotolia (Hintergrund)

Textnachweis: Wir danken allen Autoren bzw. deren Erben, die uns freundlicherweise die Erlaubnis zum Abdruck von Texten gegeben haben.

Idee und Konzept:
GROH Verlag.

ISBN 978-3-8485-1096-2
© GROH Verlag GmbH, 2014

FSC
www.fsc.org

MIX
Papier aus verantwor-
tungsvollen Quellen
FSC® C012700

137011-5052-01

Ein Lächeln schenken

Geschenke sollen ein Lächeln auf Gesichter zaubern und die Welt für einen Moment zum Stehen bringen. Für diesen Augenblick entwickeln wir mit viel Liebe immer neue GROH-Geschenke, die berühren.

In ihrer großen Themenvielfalt und der besonderen Verbindung von Sprache und Bild bewahren sie etwas sehr Persönliches.

Den Menschen Freude zu bereiten und ein Lächeln zu schenken, das ist unser Ziel seit 1928.

Ihr

Joachim Groh